개 역 개 정 · 구 약 성 경 쓰 기

창세기상

태초에 하나님이
천지를 창조하시니라
_창세기 1:1

우슬북

구약성경 통독표

순번	성경 목록	장	절	평균통독시간/분	순번	성경 목록	장	절	평균통독시간/분
1	창세기	50	1,533	203	21	전도서	12	222	31
2	출애굽기	40	1,213	162	22	아가	8	117	16
3	레위기	27	859	115	23	이사야	66	1,292	206
4	민수기	36	1,287	165	24	예레미야	52	1,364	300
5	신명기	34	959	147	25	예레미야애가	5	154	20
6	여호수아	24	658	99	26	에스겔	48	1,273	201
7	사사기	21	618	103	27	다니엘	12	357	62
8	룻기	4	85	14	28	호세아	14	197	30
9	사무엘상	31	810	136	29	요엘	3	73	11
10	사무엘하	24	695	113	30	아모스	9	146	23
11	열왕기상	22	816	128	31	오바댜	1	21	4
12	열왕기하	25	719	121	32	요나	4	48	7
13	역대상	29	942	119	33	미가	7	105	17
14	역대하	36	822	138	34	나훔	3	47	8
15	에스라	10	280	42	35	하박국	3	56	9
16	느헤미야	13	406	61	36	스바냐	3	53	9
17	에스더	10	167	29	37	학개	2	38	6
18	욥기	42	1,070	115	38	스가랴	14	211	33
19	시편	150	2,461	275	39	말라기	4	55	11
20	잠언	31	915	92	합 계		929	23,144	3,381

신약성경 통독표

순번	성경 목록	장	절	평균통독시간/분	순번	성경 목록	장	절	평균통독시간/분
1	마태복음	28	1,071	130	15	디모데전서	6	113	14
2	마가복음	16	678	81	16	디모데후서	4	83	11
3	누가복음	24	1,151	138	17	디도서	3	46	6
4	요한복음	21	879	110	18	빌레몬서	1	25	2
5	사도행전	28	1,007	127	19	히브리서	13	303	41
6	로마서	16	433	58	20	야고보서	5	108	14
7	고린도전서	16	437	57	21	베드로전서	5	105	15
8	고린도후서	13	256	37	22	베드로후서	3	61	9
9	갈라디아서	6	149	19	23	요한1서	5	105	15
10	에베소서	6	155	18	24	요한2서	1	13	2
11	빌립보서	4	104	14	25	요한3서	1	15	2
12	골로새서	4	95	12	26	유다서	1	25	4
13	데살로니가전서	5	89	12	27	요한계시록	22	404	61
14	데살로니가후서	3	47	6	합 계		260	7,957	1,015

구약성경	39권	23,144절	1,006,953문자	352,319단어	평균 통독시간	56시간
신약성경	27권	7,957절	315,579문자	110,237단어	평균 통독시간	17시간

우리는 성경을 읽지만, 세상은 우리를 읽습니다!

성경은 세상의 모든 책을 담을 수 있는 가장 큰 그릇입니다.
성경 필사는 단순히 베끼어 쓰는 게 아니라, 눈으로 말씀을 읽고 손으로 쓰면서 머리로 생각하는 작업입니다.
눈과 손, 머리를 동시에 동원하므로 성경 필사는 오래전부터 그 효과가 입증된 글쓰기 훈련법입니다.
세계적으로 저명한 사람들은 필사의 경험 없는 사람이 없습니다.

손과 종이 위에 연필 끝이 만나는 순간 미묘한 시간차가 발생합니다. 필사가 제공하는 틈 그 순간에 머리는
가만히 있지 않습니다. 단어와 문장을 거슬러 올라가고 맥락을 헤아리고 성경 말씀을 되새김질 합니다.
또한 눈으로 읽을 때는 미처 보지 못한 내용을 필사 과정에서 발견하고 깨달을 수 있습니다.

성경 필사는 하나님 말씀이 생명력 있게 살아나게 하는 작업입니다. 하나님 말씀이 우리의 마음에 가득할 때,
하나님은 우리의 소원과 기도 제목을 들으시고 이루어 주실 것입니다. 성경의 진리를 오직 말씀과 성령의
조명으로 해석하여 교리를 세우고 모든 삶의 기준과 원칙으로 적용한 청교도처럼, 예수를
가장 잘 믿으며 가장 순수한 신앙으로 살아가는 "크리스천"이 되기를 소망합니다.

엮은이 김영기

우슬북 성경 쓰기 시리즈 특징

필사와 통독의 기쁨을 함께~!

볼펜, 만년필로 성경 쓰기 편한 고급 재질의 종이 사용

[우슬북 구약성경 쓰기 시리즈 ❶ 창세기상] 은 유성볼펜이나 만년필 사용에 적합하도록 도톰하고 고급스런 광택이 나는 재질의 종이를 사용하였습니다.

성경 쓰기 편하도록 페이지가 180도 펼쳐지는 고급 제본

[우슬북 구약성경 쓰기 시리즈 ❶ 창세기상] 은 책을 펼친 중간 부분이 걸리지 않도록 페이지가 완전히 펼쳐지는 180도 고급 제본을 사용하였습니다.

10여 년의 경험으로 성경 읽고 쓰기 편안한 글씨체 사용

[우슬북 구약성경 쓰기 시리즈 ❶ 창세기상] 은 통독을 겸한 필사가 가능하도록 읽고 쓰면서 스트레스 받지 않는 글씨체를 10여 년의 실패와 경험으로 선정, 사용하였습니다.

따라쓸 수 있는 한자 병기로 말씀 묵상의 극대화

[우슬북 구약성경 쓰기 시리즈 ❶ 창세기상] 은 긍정적이고 따라쓰기 쉬운 한자(漢字)를 병기(倂記)하여 깊은 묵상을 극대화하였습니다.

천지창조

1

¹ 태초(太初)에 하나님이 천지를 창조하시니라

² 땅이 혼돈하고 공허하며 흑암이 깊음 위에 있고
하나님의 영은 수면(水面) 위에 운행하시니라

³ 하나님이 이르시되 빛이 있으라 하시니 빛이 있었고

⁴ 빛이 하나님이 보시기에 좋았더라
하나님이 빛과 어둠을 나누사

⁵ 하나님이 빛을 낮이라 부르시고 어둠을 밤이라 부르시니라
저녁이 되고 아침이 되니 이는 첫째 날이니라

⁶ 하나님이 이르시되 물 가운데에 궁창이 있어
물과 물로 나뉘라 하시고

⁷ 하나님이 궁창을 만드사 궁창 아래의 물과

궁창 위의 물로 나뉘게 하시니 그대로 되니라

⁸ 하나님이 궁창을 하늘이라 부르시니라
저녁이 되고 아침이 되니 이는 둘째 날이니라

⁹ 하나님이 이르시되 천하(天下)의 물이 한 곳으로 모이고
뭍이 드러나라 하시니 그대로 되니라

¹⁰ 하나님이 뭍을 땅이라 부르시고 모인 물을 바다라 부르시니
하나님이 보시기에 좋았더라

¹¹ 하나님이 이르시되 땅은 풀과 씨 맺는 채소와 각기 종류대로
씨 가진 열매 맺는 나무를 내라 하시니 그대로 되어

¹² 땅이 풀과 각기 종류대로 씨 맺는 채소와
각기 종류대로 씨 가진 열매 맺는 나무를 내니
하나님이 보시기에 좋았더라

¹³저녁이 되고 아침이 되니 이는 셋째 날이니라

¹⁴하나님이 이르시되 하늘의 궁창에
광명체(光明體)들이 있어 낮과 밤을 나뉘게 하고
그것들로 징조와 계절(季節)과 날과 해를 이루게 하라

¹⁵또 광명체들이 하늘의 궁창에 있어 땅을 비추라 하시니
그대로 되니라

¹⁶하나님이 두 큰 광명체를 만드사
큰 광명체로 낮을 주관하게 하시고

작은 광명체로 밤을 주관하게 하시며
또 별들을 만드시고

¹⁷하나님이 그것들을 하늘의 궁창에 두어 땅을 비추게 하시며

¹⁸낮과 밤을 주관하게 하시고 빛과 어둠을 나뉘게 하시니

하나님이 보시기에 좋았더라

19 저녁이 되고 아침이 되니 이는 넷째 날이니라

20 하나님이 이르시되 물들은 생물을 번성하게 하라
땅 위 하늘의 궁창에는 새가 날으라 하시고

21 하나님이 큰 바다 짐승들과
물에서 번성하여 움직이는 모든 생물을 그 종류대로,

날개 있는 모든 새를 그 종류대로 창조하시니
하나님이 보시기에 좋았더라

22 하나님이 그들에게 복을 주시며 이르시되
생육(生育)하고 번성하여 여러 바닷물에 충만하라
새들도 땅에 번성하라 하시니라

23 저녁이 되고 아침이 되니 이는 다섯째 날이니라

24 하나님이 이르시되 땅은 생물을 그 종류대로 내되
가축과 기는 것과 땅의 짐승을 종류대로 내라 하시니
그대로 되니라

25 하나님이 땅의 짐승을 그 종류대로, 가축을 그 종류대로,
땅에 기는 모든 것을 그 종류대로 만드시니
하나님이 보시기에 좋았더라

26 하나님이 이르시되 우리의 형상을 따라
우리의 모양대로 우리가 사람을 만들고

그들로 바다의 물고기와 하늘의 새와 가축과
온 땅과 땅에 기는 모든 것을 다스리게 하자 하시고

27 하나님이 자기 형상 곧 하나님의 형상대로
사람을 창조하시되 남자와 여자를 창조하시고

²⁸하나님이 그들에게 복을 주시며 하나님이 그들에게 이르시되
생육하고 번성하여 땅에 충만하라, 땅을 정복하라,

바다의 물고기와 하늘의 새와
땅에 움직이는 모든 생물을 다스리라 하시니라

²⁹하나님이 이르시되 내가 온 지면의 씨 맺는 모든 채소와
씨 가진 열매 맺는 모든 나무를 너희에게 주노니
너희의 먹을 거리가 되리라

³⁰또 땅의 모든 짐승과 하늘의 모든 새와
생명이 있어 땅에 기는 모든 것에게는

내가 모든 푸른 풀을 먹을 거리로 주노라 하시니
그대로 되니라

³¹하나님이 지으신 그 모든 것을 보시니

보시기에 심히 좋았더라
저녁이 되고 아침이 되니 이는 여섯째 날이니라

2 ¹ 천지와 만물이 다 이루어지니라

² 하나님이 그가 하시던 일을 일곱째 날에 마치시니
그가 하시던 모든 일을 그치고 일곱째 날에 안식하시니라

³ 하나님이 그 일곱째 날을 복되게 하사 거룩하게 하셨으니
이는 하나님이 그 창조하시며 만드시던 모든 일을 마치시고
그 날에 안식하셨음이니라

에덴 동산

⁴ 이것이 천지(天地)가 창조될 때에 하늘과 땅의 내력이니
여호와 하나님이 땅과 하늘을 만드시던 날에

⁵ 여호와 하나님이 땅에 비를 내리지 아니하셨고

땅을 갈 사람도 없었으므로 들에는 초목이 아직 없었고
밭에는 채소가 나지 아니하였으며

6 안개만 땅에서 올라와 온 지면을 적셨더라

7 여호와 하나님이 땅의 흙으로 사람을 지으시고
생기를 그 코에 불어넣으시니 사람이 생령이 되니라

8 여호와 하나님이 동방의 에덴에 동산을 창설하시고
그 지으신 사람을 거기 두시니라

9 여호와 하나님이 그 땅에서 보기에 아름답고
먹기에 좋은 나무가 나게 하시니 동산 가운데에는
생명 나무와 선악(善惡)을 알게 하는 나무도 있더라

10강이 에덴에서 흘러 나와 동산을 적시고
거기서부터 갈라져 네 근원이 되었으니

11 첫째의 이름은 비손이라
금이 있는 하윌라 온 땅을 둘렀으며

12 그 땅의 금은 순금이요
그 곳에는 베델리엄과 호마노도 있으며

13 둘째 강의 이름은 기혼이라 구스 온 땅을 둘렀고

14 셋째 강의 이름은 힛데겔이라
앗수르 동쪽으로 흘렀으며 넷째 강은 유브라데더라

15 여호와 하나님이 그 사람을 이끌어 에덴 동산에 두어
그것을 경작하며 지키게 하시고

16 여호와 하나님이 그 사람에게 명하여 이르시되
동산 각종 나무의 열매는 네가 임의로 먹되

17 선악을 알게 하는 나무의 열매는 먹지 말라

네가 먹는 날에는 반드시 죽으리라 하시니라

¹⁸여호와 하나님이 이르시되
사람이 혼자 사는 것이 좋지 아니하니
내가 그를 위하여 돕는 배필(配匹)을 지으리라 하시니라

¹⁹여호와 하나님이 흙으로
각종 들짐승과 공중의 각종 새를 지으시고

아담이 무엇이라고 부르나 보시려고
그것들을 그에게로 이끌어 가시니
아담이 각 생물을 부르는 것이 곧 그 이름이 되었더라

²⁰아담이 모든 가축과 공중의 새와 들의 모든 짐승에게
이름을 주니라 아담이 돕는 배필이 없으므로

²¹여호와 하나님이 아담을 깊이 잠들게 하시니 잠들매

그가 그 갈빗대 하나를 취하고 살로 대신 채우시고

²²여호와 하나님이 아담에게서 취하신 그 갈빗대로
여자를 만드시고 그를 아담에게로 이끌어 오시니

²³아담이 이르되 이는 내 뼈 중의 뼈요 살 중의 살이라
이것을 남자에게서 취하였은즉 여자라 부르리라 하니라

²⁴이러므로 남자가 부모를 떠나 그의 아내와 합(合)하여
둘이 한 몸을 이룰지로다

²⁵아담과 그의 아내 두 사람이 벌거벗었으나
부끄러워하지 아니하니라

사람의 불순종과 하나님의 심판 선언

3 ¹그런데 뱀은 여호와 하나님이 지으신 들짐승 중에
가장 간교하니라

뱀이 여자에게 물어 이르되 하나님이 참으로 너희에게
동산 모든 나무의 열매를 먹지 말라 하시더냐

2 여자가 뱀에게 말하되
동산 나무의 열매를 우리가 먹을 수 있으나

3 동산 중앙에 있는 나무의 열매는
하나님의 말씀에 너희는 먹지도 말고 만지지도 말라
너희가 죽을까 하노라 하셨느니라

4 뱀이 여자에게 이르되 너희가 결코 죽지 아니하리라

5 너희가 그것을 먹는 날에는 너희 눈이 밝아져
하나님과 같이 되어 선악을 알 줄 하나님이 아심이니라

6 여자가 그 나무를 본즉 먹음직도 하고 보암직도 하고
지혜롭게 할 만큼 탐스럽기도 한 나무인지라

여자가 그 열매를 따먹고
자기와 함께 있는 남편에게도 주매 그도 먹은지라

7 이에 그들의 눈이 밝아져 자기들이 벗은 줄을 알고
무화과나무 잎을 엮어 치마로 삼았더라

8 그들이 그 날 바람이 불 때
동산에 거니시는 여호와 하나님의 소리를 듣고

아담과 그의 아내가 여호와 하나님의 낯을 피하여
동산 나무 사이에 숨은지라

9 여호와 하나님이 아담을 부르시며 그에게 이르시되
네가 어디 있느냐

10 이르되 내가 동산에서 하나님의 소리를 듣고
내가 벗었으므로 두려워하여 숨었나이다

¹¹이르시되 누가 너의 벗었음을 네게 알렸느냐
내가 네게 먹지 말라 명한 그 나무 열매를 네가 먹었느냐

¹²아담이 이르되 하나님이 주셔서 나와 함께 있게 하신 여자
그가 그 나무 열매를 내게 주므로 내가 먹었나이다

¹³여호와 하나님이 여자에게 이르시되
네가 어찌하여 이렇게 하였느냐
여자가 이르되 뱀이 나를 꾀므로 내가 먹었나이다

¹⁴여호와 하나님이 뱀에게 이르시되 네가 이렇게 하였으니
네가 모든 가축과 들의 모든 짐승보다 더욱 저주를 받아
배로 다니고 살아 있는 동안 흙을 먹을지니라

¹⁵내가 너로 여자와 원수가 되게 하고
네 후손도 여자의 후손과 원수가 되게 하리니

여자의 후손은 네 머리를 상하게 할 것이요
너는 그의 발꿈치를 상하게 할 것이니라 하시고

16또 여자에게 이르시되
내가 네게 임신하는 고통을 크게 더하리니

네가 수고하고 자식을 낳을 것이며
너는 남편을 원하고 남편은 너를 다스릴 것이니라 하시고

17아담에게 이르시되 네가 네 아내의 말을 듣고
내가 네게 먹지 말라 한 나무의 열매를 먹었은즉

땅은 너로 말미암아 저주(詛呪)를 받고
너는 네 평생에 수고하여야 그 소산을 먹으리라

18땅이 네게 가시덤불과 엉겅퀴를 낼 것이라
네가 먹을 것은 밭의 채소인즉

---

¹⁹네가 흙으로 돌아갈 때까지
얼굴에 땀을 흘려야 먹을 것을 먹으리니

네가 그것에서 취함을 입었음이라
너는 흙이니 흙으로 돌아갈 것이니라 하시니라

²⁰아담이 그의 아내의 이름을 하와라 불렀으니
그는 모든 산 자의 어머니가 됨이더라

²¹여호와 하나님이 아담과 그의 아내를 위하여
가죽옷을 지어 입히시니라

아담과 하와를 쫓아내시다
²²여호와 하나님이 이르시되 보라
이 사람이 선악을 아는 일에 우리 중 하나 같이 되었으니
그가 그의 손을 들어 생명 나무 열매도 따먹고

영생할까 하노라 하시고

²³ 여호와 하나님이 에덴 동산에서 그를 내보내어
그의 근원이 된 땅을 갈게 하시니라

²⁴ 이같이 하나님이 그 사람을 쫓아내시고
에덴 동산 동쪽에 그룹들과 두루 도는 불 칼을 두어
생명 나무의 길을 지키게 하시니라

가인과 아벨

4 ¹ 아담이 그의 아내 하와와 동침하매
하와가 임신(姙娠)하여 가인을 낳고 이르되
내가 여호와로 말미암아 득남하였다 하니라

² 그가 또 가인의 아우 아벨을 낳았는데
아벨은 양 치는 자였고 가인은 농사하는 자였더라

3 세월이 지난 후에 가인은 땅의 소산으로
제물(祭物)을 삼아 여호와께 드렸고

4 아벨은 자기도 양의 첫 새끼와 그 기름으로 드렸더니
여호와께서 아벨과 그의 제물은 받으셨으나

5 가인과 그의 제물은 받지 아니하신지라
가인이 몹시 분하여 안색(顔色)이 변하니

6 여호와께서 가인에게 이르시되
네가 분하여 함은 어찌 됨이며 안색이 변함은 어찌 됨이냐

7 네가 선을 행하면 어찌 낯을 들지 못하겠느냐
선을 행하지 아니하면 죄가 문에 엎드려 있느니라
죄가 너를 원하나 너는 죄를 다스릴지니라

8 가인이 그의 아우 아벨에게 말하고 그들이 들에 있을 때에

가인이 그의 아우 아벨을 쳐죽이니라

9 여호와께서 가인에게 이르시되 네 아우 아벨이 어디 있느냐
그가 이르되 내가 알지 못하나이다
내가 내 아우를 지키는 자니이까

10 이르시되 네가 무엇을 하였느냐
네 아우의 핏소리가 땅에서부터 내게 호소하느니라

11 땅이 그 입을 벌려 네 손에서부터 네 아우의 피를 받았은즉
네가 땅에서 저주를 받으리니

12 네가 밭을 갈아도 땅이 다시는
그 효력(效力)을 네게 주지 아니할 것이요
너는 땅에서 피하며 유리하는 자가 되리라

13 가인이 여호와께 아뢰되 내 죄벌이 지기가 너무 무거우니이다

¹⁴주께서 오늘 이 지면에서 나를 쫓아내시온즉
내가 주의 낯을 뵈옵지 못하리니

내가 땅에서 피하며 유리하는 자가 될지라
무릇 나를 만나는 자마다 나를 죽이겠나이다

¹⁵여호와께서 그에게 이르시되 그렇지 아니하다
가인을 죽이는 자는 벌을 칠 배나 받으리라 하시고

가인에게 표를 주사 그를 만나는 모든 사람에게서
죽임을 면하게 하시니라

가인의 자손

¹⁶가인이 여호와 앞을 떠나서 에덴 동쪽 놋 땅에 거주하더니

¹⁷아내와 동침하매 그가 임신하여 에녹을 낳은지라
가인이 성을 쌓고 그의 아들의 이름으로 성을 이름하여

에녹이라 하니라

¹⁸에녹이 이랏을 낳고 이랏은 므후야엘을 낳고
므후야엘은 므드사엘을 낳고 므드사엘은 라멕을 낳았더라

¹⁹라멕이 두 아내를 맞이하였으니
하나의 이름은 아다요 하나의 이름은 씰라였더라

²⁰아다는 야발을 낳았으니 그는 장막에 거주하며
가축을 치는 자의 조상이 되었고

²¹그의 아우의 이름은 유발이니
그는 수금과 퉁소를 잡는 모든 자의 조상이 되었으며

²²씰라는 두발가인을 낳았으니
그는 구리와 쇠로 여러 가지 기구를 만드는 자요
두발가인의 누이는 나아마였더라

²³리멕이 아내들에게 이르되
  아다와 씰라여 내 목소리를 들으라
  리멕의 아내들이여 내 말을 들으라

  나의 상처로 말미암아 내가 사람을 죽였고
  나의 상함으로 말미암아 소년을 죽였도다

²⁴가인을 위하여는 벌이 칠 배일진대
  리멕을 위하여는 벌이 칠십칠 배이리로다 하였더라

셋과 에노스

²⁵아담이 다시 자기 아내와 동침하매
  그가 아들을 낳아 그의 이름을 셋이라 하였으니

이는 하나님이 내게 가인이 죽인 아벨 대신에
다른 씨를 주셨다 함이며

²⁶셋도 아들을 낳고 그의 이름을 에노스라 하였으며
그 때에 사람들이 비로소 여호와의 이름을 불렀더라

아담의 계보

5 ¹ 이것은 아담의 계보를 적은 책이니라
하나님이 사람을 창조하실 때에
하나님의 모양대로 지으시되

² 남자와 여자를 창조하셨고
그들이 창조되던 날에 하나님이 그들에게 복을 주시고
그들의 이름을 사람이라 일컬으셨더라

³ 아담은 백삼십 세에 자기의 모양 곧 자기의 형상과 같은
아들을 낳아 이름을 셋이라 하였고

⁴ 아담은 셋을 낳은 후 팔백 년을 지내며 자녀들을 낳았으며

5 그는 구백삼십 세(歲)를 살고 죽었더라

6 셋은 백오 세에 에노스를 낳았고

7 에노스를 낳은 후 팔백칠 년을 지내며 자녀들을 낳았으며

8 그는 구백십이 세를 살고 죽었더라

9 에노스는 구십 세에 게난을 낳았고

10 게난을 낳은 후 팔백십오 년을 지내며 자녀들을 낳았으며

11 그는 구백오 세를 살고 죽었더라

12 게난은 칠십 세에 마할랄렐을 낳았고

13 마할랄렐을 낳은 후 팔백사십 년을 지내며 자녀들을 낳았으며

14 그는 구백십 세를 살고 죽었더라

15 마할랄렐은 육십오 세에 야렛을 낳았고

¹⁶야렛을 낳은 후 팔백삼십 년을 지내며 자녀를 낳았으며

¹⁷그는 팔백구십오 세를 살고 죽었더라

¹⁸야렛은 백육십이 세에 에녹을 낳았고

¹⁹에녹을 낳은 후 팔백 년을 지내며 자녀들을 낳았으며

²⁰그는 구백육십이 세를 살고 죽었더라

²¹에녹은 육십오 세에 므두셀라를 낳았고

²²므두셀라를 낳은 후 삼백 년을 하나님과 동행하며
자녀들을 낳았으며

²³그는 삼백육십오 세를 살았더라

²⁴에녹이 하나님과 동행하더니
하나님이 그를 데려가시므로 세상에 있지 아니하였더라

²⁵므두셀라는 백팔십칠 세에 라멕을 낳았고

²⁶라멕을 낳은 후 칠백팔십이 년을 지내며 자녀를 낳았으며

²⁷그는 구백육십구 세를 살고 죽었더라

²⁸라멕은 백팔십이 세에 아들을 낳고

²⁹이름을 노아라 하여 이르되 여호와께서 땅을 저주하시므로 수고롭게 일하는 우리를 이 아들이 안위하리라 하였더라

³⁰라멕은 노아를 낳은 후 오백구십오 년을 지내며 자녀들을 낳았으며

³¹그는 칠백칠십칠 세를 살고 죽었더라

³²노아는 오백 세 된 후에 셈과 함과 야벳을 낳았더라

사람의 죄악

6 ¹사람이 땅 위에 번성하기 시작할 때에

그들에게서 딸들이 나니

2 하나님의 아들들이 사람의 딸들의 아름다움을 보고
자기들이 좋아하는 모든 여자를 아내로 삼는지라

3 여호와께서 이르시되
나의 영이 영원(永遠)히 사람과 함께 하지 아니하리니

이는 그들이 육신(肉身)이 됨이라
그러나 그들의 날은 백이십 년이 되리라 하시니라

4 당시에 땅에는 네피림이 있었고
그 후에도 하나님의 아들들이 사람의 딸들에게로 들어와

자식을 낳았으니 그들은 용사라
고대에 명성이 있는 사람들이었더라

5 여호와께서 사람의 죄악이 세상에 가득함과

그의 마음으로 생각하는 모든 계획(計劃)이
항상 악할 뿐임을 보시고

⁶ 땅 위에 사람 지으셨음을 한탄하사 마음에 근심하시고

⁷ 이르시되 내가 창조한 사람을 내가 지면에서 쓸어버리되
사람으로부터 가축과 기는 것과 공중의 새까지 그리하리니
이는 내가 그것들을 지었음을 한탄함이니라 하시니라

⁸ 그러나 노아는 여호와께 은혜를 입었더라

노아의 족보

⁹ 이것이 노아의 족보니라
노아는 의인이요 당대에 완전한 자라
그는 하나님과 동행하였으며

¹⁰ 세 아들을 낳았으니 셈과 함과 야벳이라

¹¹그 때에 온 땅이 하나님 앞에 부패하여
포악함이 땅에 가득한지라

¹²하나님이 보신즉 땅이 부패하였으니
이는 땅에서 모든 혈육 있는 자의 행위가 부패함이었더라

¹³하나님이 노아에게 이르시되
모든 혈육 있는 자의 포악함이 땅에 가득하므로

그 끝 날이 내 앞에 이르렀으니
내가 그들을 땅과 함께 멸하리라

¹⁴너는 고페르 나무로 너를 위하여 방주를 만들되
그 안에 칸들을 막고 역청을 그 안팎에 칠하라

¹⁵네가 만들 방주(方舟)는 이러하니 그 길이는 삼백 규빗,
너비는 오십 규빗, 높이는 삼십 규빗이라

¹⁶거기에 창을 내되 위에서부터 한 규빗에 내고
그 문은 옆으로 내고 상 중 하 삼층으로 할지니라

¹⁷내가 홍수를 땅에 일으켜
무릇 생명의 기운(氣運)이 있는 모든 육체를
천하에서 멸절하리니 땅에 있는 것들이 다 죽으리라

¹⁸그러나 너와는 내가 내 언약을 세우리니
너는 네 아들들과 네 아내와 네 며느리들과 함께
그 방주로 들어가고

¹⁹혈육 있는 모든 생물을 너는 각기 암수 한 쌍씩
방주로 이끌어들여 너와 함께 생명을 보존하게 하되

²⁰새가 그 종류대로, 가축이 그 종류대로,
땅에 기는 모든 것이 그 종류대로

각기 둘씩 네게로 나아오리니 그 생명을 보존하게 하라

21 너는 먹을 모든 양식을 네게로 가져다가 저축하라
이것이 너와 그들의 먹을 것이 되리라

22 노아가 그와 같이 하여
하나님이 자기에게 명하신 대로 다 준행하였더라

홍수

7 1 여호와께서 노아에게 이르시되
너와 네 온 집은 방주로 들어가라

이 세대에서 네가 내 앞에 의로움을 내가 보았음이니라

2 너는 모든 정결한 짐승은 암수 일곱씩,
부정한 것은 암수 둘씩을 네게로 데려오며

3 공중의 새도 암수 일곱씩을 데려와

그 씨를 온 지면에 유전(遺傳)하게 하라

4 지금부터 칠 일이면 내가 사십 주야를 땅에 비를 내려
내가 지은 모든 생물을 지면에서 쓸어버리리라

5 노아가 여호와께서 자기에게 명하신 대로 다 준행하였더라

6 홍수(洪水)가 땅에 있을 때에 노아가 육백 세라

7 노아는 아들들과 아내와 며느리들과 함께
홍수를 피하여 방주에 들어갔고

8 정결한 짐승과 부정한 짐승과 새와 땅에 기는 모든 것은

9 하나님이 노아에게 명하신 대로
암수 둘씩 노아에게 나아와 방주로 들어갔으며

10 칠 일 후에 홍수가 땅에 덮이니

11 노아가 육백 세 되던 해 둘째 달 곧 그 달 열이렛날이라

그 날에 큰 깊음의 샘들이 터지며 하늘의 창문들이 열려

12 사십 주야를 비가 땅에 쏟아졌더라

13 곧 그 날에 노아와 그의 아들 셈, 함, 야벳과
노아의 아내와 세 며느리가 다 방주로 들어갔고

14 그들과 모든 들짐승이 그 종류대로,
모든 가축이 그 종류대로,

땅에 기는 모든 것이 그 종류대로,
모든 새가 그 종류대로

15 무릇 생명의 기운이 있는 육체가
둘씩 노아에게 나아와 방주로 들어갔으니

16 들어간 것들은 모든 것의 암수라
하나님이 그에게 명하신 대로 들어가매

여호와께서 그를 들여보내고 문을 닫으시니라

¹⁷홍수가 땅에 사십 일 동안 계속된지라
물이 많아져 방주가 땅에서 떠올랐고

¹⁸물이 더 많아져 땅에 넘치매 방주가 물 위에 떠 다녔으며

¹⁹물이 땅에 더욱 넘치매 천하의 높은 산이 다 잠겼더니

²⁰물이 불어서 십오 규빗이나 오르니 산들이 잠긴지라

²¹땅 위에 움직이는 생물이 다 죽었으니
곧 새와 가축과 들짐승과 땅에 기는 모든 것과
모든 사람이라

²²육지에 있어 그 코에 생명의 기운의 숨이 있는 것은
다 죽었더라

²³지면의 모든 생물을 쓸어버리시니

곧 사람과 가축과 기는 것과 공중의 새까지라
이들은 땅에서 쓸어버림을 당하였으되
오직 노아와 그와 함께 방주에 있던 자들만 남았더라

²⁴물이 백오십 일을 땅에 넘쳤더라

홍수가 그치다

8 ¹하나님이 노아와 그와 함께 방주에 있는
모든 들짐승과 가축을 기억(記憶)하사

하나님이 바람을 땅 위에 불게 하시매 물이 줄어들었고

²깊음의 샘과 하늘의 창문이 닫히고 하늘에서 비가 그치매

³물이 땅에서 물러가고 점점 물러가서
백오십 일 후에 줄어들고

⁴일곱째 달 곧 그 달 열이렛날에

방주가 아라랏 산에 머물렀으며

⁵ 물이 점점 줄어들어 열째 달 곧 그 달 초하룻날에
산들의 봉우리가 보였더라

⁶ 사십 일을 지나서 노아가 그 방주에 낸 창문을 열고

⁷ 까마귀를 내놓으매
까마귀가 물이 땅에서 마르기까지 날아 왕래하였더라

⁸ 그가 또 비둘기를 내놓아
지면에서 물이 줄어들었는지를 알고자 하매

⁹ 온 지면에 물이 있으므로
비둘기가 발 붙일 곳을 찾지 못하고

방주로 돌아와 그에게로 오는지라
그가 손을 내밀어 방주 안 자기에게로 받아들이고

¹⁰ 또 칠 일을 기다려 다시 비둘기를 방주에서 내놓으매

¹¹ 저녁때에 비둘기가 그에게로 돌아왔는데
그 입에 감람나무 새 잎사귀가 있는지라
이에 노아가 땅에 물이 줄어든 줄을 알았으며

¹² 또 칠 일을 기다려 비둘기를 내놓으매
다시는 그에게로 돌아오지 아니하였더라

¹³ 육백일 년 첫째 달 곧 그 달 초하룻날에
땅 위에서 물이 걷힌지라

노아가 방주 뚜껑을 제치고 본즉
지면에서 물이 걷혔더니

¹⁴ 둘째 달 스무이렛날에 땅이 말랐더라

¹⁵ 하나님이 노아에게 말씀하여 이르시되

¹⁶너는 네 아내와 네 아들들과 네 며느리들과 함께
방주에서 나오고

¹⁷너와 함께 한 모든 혈육 있는 생물
곧 새와 가축과 땅에 기는 모든 것을 다 이끌어내라
이것들이 땅에서 생육하고 땅에서 번성하리라 하시매

¹⁸노아가 그 아들들과 그의 아내와
그 며느리들과 함께 나왔고

¹⁹땅 위의 동물 곧 모든 짐승과 모든 기는 것과 모든 새도
그 종류대로 방주에서 나왔더라

노아가 번제를 드리다
²⁰노아가 여호와께 제단을 쌓고
모든 정결한 짐승과 모든 정결한 새 중에서

제물을 취하여 번제로 제단에 드렸더니

21 여호와께서 그 향기를 받으시고 그 중심에 이르시되
내가 다시는 사람으로 말미암아 땅을 저주하지 아니하리니
이는 사람의 마음이 계획하는 바가 어려서부터 악함이라

내가 전에 행한 것 같이
모든 생물을 다시 멸하지 아니하리니

22 땅이 있을 동안에는 심음과 거둠과 추위와 더위와
여름과 겨울과 낮과 밤이 쉬지 아니하리라

하나님이 노아와 언약을 세우시다

9 1 하나님이 노아와 그 아들들에게 복을 주시며
그들에게 이르시되 생육하고 번성하여 땅에 충만하라

2 땅의 모든 짐승과 공중의 모든 새와

땅에 기는 모든 것과 바다의 모든 물고기가
너희를 두려워하며 너희를 무서워하리니
이것들은 너희의 손에 붙였음이니라

3 모든 산 동물은 너희의 먹을 것이 될지라
채소 같이 내가 이것을 다 너희에게 주노라

4 그러나 고기를 그 생명 되는 피째 먹지 말 것이니라

5 내가 반드시 너희의 피 곧 너희의 생명의 피를 찾으리니
짐승이면 그 짐승에게서, 사람이나 사람의 형제면 그에게서
그의 생명을 찾으리라

6 다른 사람의 피를 흘리면 그 사람의 피도 흘릴 것이니
이는 하나님이 자기 형상대로 사람을 지으셨음이니라

7 너희는 생육하고 번성하며 땅에 가득하여

그 중에서 번성하라 하셨더라

8 하나님이 노아와 그와 함께 한 아들들에게
말씀하여 이르시되

9 내가 내 언약(言約)을 너희와 너희 후손(後孫)과

10 너희와 함께 한 모든 생물 곧 너희와 함께 한
새와 가축과 땅의 모든 생물에게 세우리니
방주에서 나온 모든 것 곧 땅의 모든 짐승에게니라

11 내가 너희와 언약을 세우리니
다시는 모든 생물을 홍수로 멸하지 아니할 것이라
땅을 멸할 홍수가 다시 있지 아니하리라

12 하나님이 이르시되 내가 나와 너희와 및 너희와 함께 하는
모든 생물(生物) 사이에 대대로 영원(永遠)히 세우는

언약의 증거는 이것이니라

¹³내가 내 무지개를 구름 속에 두었나니
이것이 나와 세상 사이의 언약의 증거니라

¹⁴내가 구름으로 땅을 덮을 때에
무지개가 구름 속에 나타나면

¹⁵내가 나와 너희와 및 육체를 가진
모든 생물 사이의 내 언약을 기억하리니
다시는 물이 모든 육체를 멸하는 홍수가 되지 아니할지라

¹⁶무지개가 구름 사이에 있으리니 내가 보고
나 하나님과 모든 육체를 가진 땅의 모든 생물 사이의
영원한 언약을 기억하리라

¹⁷하나님이 노아에게 또 이르시되

내가 나와 땅에 있는 모든 생물 사이에 세운
언약의 증거가 이것이라 하셨더라

노아와 그 아들들

18 방주(方舟)에서 나온 노아의 아들들은 셈과 함과 야벳이며
함은 가나안의 아버지라

19 노아의 이 세 아들로부터 사람들이 온 땅에 퍼지니라

20 노아가 농사를 시작하여 포도나무를 심었더니

21 포도주를 마시고 취하여 그 장막 안에서 벌거벗은지라

22 가나안의 아버지 함이 그의 아버지의 하체를 보고
밖으로 나가서 그의 두 형제에게 알리매

23 셈과 야벳이 옷을 가져다가 자기들의 어깨에 메고
뒷걸음쳐 들어가서 그들의 아버지의 하체를 덮었으며

그들이 얼굴을 돌이키고
그들의 아버지의 하체를 보지 아니하였더라

24 노아가 술이 깨어
그의 작은 아들이 자기에게 행한 일을 알고

25 이에 이르되 가나안은 저주를 받아
그의 형제의 종들의 종이 되기를 원하노라 하고

26 또 이르되 셈의 하나님 여호와를 찬송하리로다
가나안은 셈의 종이 되고

27 하나님이 야벳을 창대하게 하사 셈의 장막에 거하게 하시고
가나안은 그의 종이 되게 하시기를 원하노라 하였더라

28 홍수 후에 노아가 삼백오십 년을 살았고

29 그의 나이가 구백오십 세(歲)가 되어 죽었더라

노아의 아들들의 족보(대상 1:5-23)

10

¹ 노아의 아들 셈과 함과 야벳의 족보는 이러하니라
홍수 후에 그들이 아들들을 낳았으니

² 야벳의 아들은 고멜과 마곡과 마대와 야완과
두발과 메섹과 디라스요

³ 고멜의 아들은 아스그나스와 리밧과 도갈마요

⁴ 야완의 아들은 엘리사와 달시스와 깃딤과 도다님이라

⁵ 이들로부터 여러 나라 백성으로 나뉘어서
각기 언어와 종족과 나라대로 바닷가의 땅에 머물렀더라

⁶ 함의 아들은 구스와 미스라임과 붓과 가나안이요

⁷ 구스의 아들은 스바와 하윌라와 삽다와 라아마와 삽드가요
라아마의 아들은 스바와 드단이며

⁸구스가 또 니므롯을 낳았으니 그는 세상에 첫 용사라

⁹그가 여호와 앞에서 용감한 사냥꾼이 되었으므로
속담에 이르기를 아무는 여호와 앞에 니므롯 같이
용감한 사냥꾼이로다 하더라

¹⁰그의 나라는 시날 땅의 바벨과 에렉과
악갓과 갈레에서 시작되었으며

¹¹그가 그 땅에서 앗수르로 나아가
니느웨와 르호보딜과 갈라와

¹²및 니느웨와 갈라 사이의 레센을 건설하였으니
이는 큰 성읍이라

¹³미스라임은 루딤과 아나밈과 르하빔과 납두힘과

¹⁴바드루심과 가슬루힘과 갑도림을 낳았더라

(가슬루힘에게서 블레셋이 나왔더라)

15 가나안은 장자(長子) 시돈과 헷을 낳고

16 또 여부스 족속과 아모리 족속과 기르가스 족속과

17 히위 족속과 알가 족속과 신 족속과

18 아르왓 족속과 스말 족속과 하맛 족속을 낳았더니
이 후로 가나안 자손의 족속이 흩어져 나아갔더라

19 가나안의 경계는 시돈에서부터 그랄을 지나 가사까지와
소돔과 고모라와 아드마와 스보임을 지나 라사까지였더라

20 이들은 함의 자손이라
각기 족속과 언어(言語)와 지방과 나라대로였더라

21 셈은 에벨 온 자손의 조상이요 야벳의 형이라
그에게도 자녀가 출생하였으니

²²셈의 아들은 엘람과 앗수르와 아르박삿과 룻과 아람이요

²³아람의 아들은 우스와 훌과 게델과 마스며

²⁴아르박삿은 셀라를 낳고 셀라는 에벨을 낳았으며

²⁵에벨은 두 아들을 낳고 하나의 이름을 벨렉이라 하였으니
그 때에 세상이 나뉘었음이요 벨렉의 아우의 이름은 욕단이며

²⁶욕단은 알모닷과 셀렙과 하살마윗과 예라와

²⁷하도람과 우살과 디글라와

²⁸오발과 아비마엘과 스바와

²⁹오빌과 하윌라와 요밥을 낳았으니
이들은 다 욕단의 아들이며

³⁰그들이 거주하는 곳은 메사에서부터 스발로 가는 길의
동쪽 산이었더라

³¹이들은 셈의 자손이니
그 족속과 언어와 지방과 나라대로였더라

³²이들은 그 백성들의 족보에 따르면 노아 자손의 족속들이요
홍수 후에 이들에게서 그 땅의 백성들이 나뉘었더라

바벨

11

¹ 온 땅의 언어가 하나요 말이 하나였더라

² 이에 그들이 동방으로 옮기다가
시날 평지를 만나 거기 거류하며

³ 서로 말하되 자, 벽돌을 만들어 견고히 굽자 하고
이에 벽돌로 돌을 대신하며 역청으로 진흙을 대신하고

⁴ 또 말하되 자, 성읍과 탑(塔)을 건설하여
그 탑 꼭대기를 하늘에 닿게 하여 우리 이름을 내고

온 지면에 흩어짐을 면하자 하였더니

5 여호와께서 사람들이 건설하는
그 성읍과 탑을 보려고 내려오셨더라

6 여호와께서 이르시되 이 무리가 한 족속이요
언어도 하나이므로 이같이 시작하였으니
이 후로는 그 하고자 하는 일을 막을 수 없으리로다

7 자, 우리가 내려가서 거기서 그들의 언어를 혼잡하게 하여
그들이 서로 알아듣지 못하게 하자 하시고

8 여호와께서 거기서 그들을 온 지면에 흩으셨으므로
그들이 그 도시를 건설하기를 그쳤더라

9 그러므로 그 이름을 바벨이라 하니 이는 여호와께서 거기서
온 땅의 언어를 혼잡하게 하셨음이니라

여호와께서 거기서 그들을 온 지면에 흩으셨더라

셈의 족보(대상 1:24-27)

¹⁰셈의 족보는 이러하니라
셈은 백 세 곧 홍수 후 이 년에 아르박삿을 낳았고

---

¹¹아르박삿을 낳은 후에 오백 년을 지내며 자녀를 낳았으며

---

¹²아르박삿은 삼십오 세에 셀라를 낳았고

---

¹³셀라를 낳은 후에 사백삼 년을 지내며 자녀를 낳았으며

---

¹⁴셀라는 삼십 세에 에벨을 낳았고

---

¹⁵에벨을 낳은 후에 사백삼 년을 지내며 자녀를 낳았으며

---

¹⁶에벨은 삼십사 세에 벨렉을 낳았고

---

¹⁷벨렉을 낳은 후에 사백삼십 년을 지내며 자녀를 낳았으며

---

¹⁸벨렉은 삼십 세에 르우를 낳았고

¹⁹르우를 낳은 후에 이백구 년을 지내며 자녀를 낳았으며

²⁰르우는 삼십이 세에 스룩을 낳았고

²¹스룩을 낳은 후에 이백칠 년을 지내며 자녀를 낳았으며

²²스룩은 삼십 세에 나홀을 낳았고

²³나홀을 낳은 후에 이백 년을 지내며 자녀를 낳았으며

²⁴나홀은 이십구 세에 데라를 낳았고

²⁵데라를 낳은 후에 백십구 년을 지내며 자녀를 낳았으며

²⁶데라는 칠십 세에 아브람과 나홀과 하란을 낳았더라

데라의 족보

²⁷데라의 족보는 이러하니라
데라는 아브람과 나홀과 하란을 낳고
하란은 롯을 낳았으며

28 하란은 그 아비 데라보다 먼저
고향 갈대아인의 우르에서 죽었더라

29 아브람과 나홀이 장가 들었으니
아브람의 아내의 이름은 사래며 나홀의 아내의 이름은 밀가니

하란의 딸이요 하란은 밀가의 아버지이며
또 이스가의 아버지더라

30 사래는 임신하지 못하므로 자식이 없었더라

31 데라가 그 아들 아브람과 하란의 아들인 그의 손자 롯과
그의 며느리 아브람의 아내 사래를 데리고

갈대아인의 우르를 떠나 가나안 땅으로 가고자 하더니
하란에 이르러 거기 거류하였으며

32 데라는 나이가 이백오 세가 되어 하란에서 죽었더라

여호와께서 아브람에게 이르시다

12 ^{1} 여호와께서 아브람에게 이르시되
너는 너의 고향과 친척과 아버지의 집을 떠나
내가 네게 보여 줄 땅으로 가라

^{2} 내가 너로 큰 민족을 이루고 네게 복을 주어
네 이름을 창대하게 하리니 너는 복이 될지라

^{3} 너를 축복하는 자에게는 내가 복을 내리고
너를 저주하는 자에게는 내가 저주하리니
땅의 모든 족속이 너로 말미암아 복을 얻을 것이라 하신지라

^{4} 이에 아브람이 여호와의 말씀을 따라갔고
롯도 그와 함께 갔으며
아브람이 하란을 떠날 때에 칠십오 세였더라

5 아브람이 그의 아내 사래와 조카 롯과
하란에서 모은 모든 소유와 얻은 사람들을 이끌고
가나안 땅으로 가려고 떠나서 마침내 가나안 땅에 들어갔더라

6 아브람이 그 땅을 지나 세겜 땅 모레 상수리나무에 이르니
그 때에 가나안 사람이 그 땅에 거주하였더라

7 여호와께서 아브람에게 나타나 이르시되
내가 이 땅을 네 자손에게 주리라 하신지라
자기에게 나타나신 여호와께 그가 그 곳에서 제단을 쌓고

8 거기서 벧엘 동쪽 산으로 옮겨 장막을 치니
서쪽은 벧엘이요 동쪽은 아이라

그가 그 곳에서 여호와께 제단을 쌓고
여호와의 이름을 부르더니

⁹ 점점 남방으로 옮겨갔더라

아브람이 애굽으로 내려가다

¹⁰ 그 땅에 기근이 들었으므로
아브람이 애굽에 거류(居留)하려고 그리로 내려갔으니
이는 그 땅에 기근이 심하였음이라

¹¹ 그가 애굽에 가까이 이르렀을 때에
그의 아내 사래에게 말하되
내가 알기에 그대는 아리따운 여인이라

¹² 애굽 사람이 그대를 볼 때에 이르기를
이는 그의 아내라 하여 나는 죽이고 그대는 살리리니

¹³ 원하건대 그대는 나의 누이라 하라
그러면 내가 그대로 말미암아 안전하고

내 목숨이 그대로 말미암아 보존되리라 하니라

14 아브람이 애굽에 이르렀을 때에
애굽 사람들이 그 여인이 심히 아리따움을 보았고

15 바로의 고관들도 그를 보고 바로 앞에서 칭찬하므로
그 여인을 바로의 궁으로 이끌어들인지라

16 이에 바로가 그로 말미암아 아브람을 후대(厚待)하므로
아브람이 양과 소와 노비와 암수 나귀와 낙타를 얻었더라

17 여호와께서 아브람의 아내 사래의 일로
바로와 그 집에 큰 재앙을 내리신지라

18 바로가 아브람을 불러서 이르되
네가 어찌하여 나에게 이렇게 행하였느냐
네가 어찌하여 그를 네 아내라고 내게 말하지 아니하였느냐

네가 어찌 그를 누이라 하여
내가 그를 데려다가 아내를 삼게 하였느냐
네 아내가 여기 있으니 이제 데려가라 하고

²⁰바로가 사람들에게 그의 일을 명하매
그들이 그와 함께 그의 아내와 그의 모든 소유를 보내었더라

아브람과 롯이 서로 떠나다

13 ¹아브람이 애굽에서 그와 그의 아내와
모든 소유와 롯과 함께 네게브로 올라가니

²아브람에게 가축과 은과 금이 풍부하였더라

³그가 네게브에서부터 길을 떠나 벧엘에 이르며
벧엘과 아이 사이 곧 전에 장막 쳤던 곳에 이르니

⁴그가 처음으로 제단을 쌓은 곳이라

그가 거기서 여호와의 이름을 불렀더라

5 아브람의 일행 롯도 양과 소와 장막이 있으므로

6 그 땅이 그들이 동거하기에 넉넉하지 못하였으니
이는 그들의 소유가 많아서 동거할 수 없었음이니라

7 그러므로 아브람의 가축의 목자와 롯의 가축의 목자가
서로 다투고 또 가나안 사람과 브리스 사람도
그 땅에 거주하였는지라

8 아브람이 롯에게 이르되 우리는 한 친족이라
나나 너나 내 목자나 네 목자나 서로 다투게 하지 말자

9 네 앞에 온 땅이 있지 아니하냐 나를 떠나가라
네가 좌하면 나는 우하고 네가 우하면 나는 좌하리라

10 이에 롯이 눈을 들어 요단 지역을 바라본즉

소알까지 온 땅에 물이 넉넉하니
여호와께서 소돔과 고모라를 멸하시기 전이었으므로
여호와의 동산 같고 애굽 땅과 같았더라

11 그러므로 롯이 요단 온 지역을 택하고 동으로 옮기니
그들이 서로 떠난지라

12 아브람은 가나안 땅에 거주하였고
롯은 그 지역의 도시들에 머무르며
그 장막을 옮겨 소돔까지 이르렀더라

13 소돔 사람은 여호와 앞에 악하며 큰 죄인이었더라

아브람이 헤브론으로 옮기다

14 롯이 아브람을 떠난 후에 여호와께서 아브람에게 이르시되
너는 눈을 들어 너 있는 곳에서 북(北)쪽과 남(南)쪽

그리고 동(東)쪽과 서(西)쪽을 바라보라

15 보이는 땅을 내가 너와 네 자손에게 주리니
영원히 이르리라

16 내가 네 자손이 땅의 티끌 같게 하리니
사람이 땅의 티끌을 능히 셀 수 있을진대
네 자손도 세리라

17 너는 일어나 그 땅을 종(縱)과 횡(橫)으로 두루 다녀 보라
내가 그것을 네게 주리라

18 이에 아브람이 장막을 옮겨 헤브론에 있는
마므레 상수리 수풀에 이르러 거주하며
거기서 여호와를 위하여 제단을 쌓았더라

아브람이 롯을 구하다

14 ¹ 당시에 시날 왕 아므라벨과 엘라살 왕 아리옥과
엘람 왕 그돌라오멜과 고임 왕 디달이

² 소돔 왕 베라와 고모라 왕 비르사와 아드마 왕 시납과
스보임 왕 세메벨과 벨라 곧 소알 왕과 싸우니라

³ 이들이 다 싯딤 골짜기 곧 지금의 염해에 모였더라

⁴ 이들이 십이 년 동안 그돌라오멜을 섬기다가
제십삼년에 배반한지라

⁵ 제십사년에 그돌라오멜과 그와 함께 한 왕들이 나와서
아스드롯 가르나임에서 르바 족속을, 함에서 수스 족속을,
사웨 기랴다임에서 엠 족속을 치고

⁶ 호리 족속을 그 산 세일에서 쳐서
광야 근방 엘바란까지 이르렀으며

7 그들이 돌이켜 엔미스밧 곧 가데스에 이르러
아말렉 족속의 온 땅과
하사손다말에 사는 아모리 족속을 친지라

8 소돔 왕과 고모라 왕과 아드마 왕과
스보임 왕과 벨라 곧 소알 왕이 나와서
싯딤 골짜기에서 그들과 전쟁을 하기 위하여 진을 쳤더니

9 엘람 왕 그돌라오멜과 고임 왕 디달과
시날 왕 아므라벨과 엘라살 왕 아리옥 네 왕이
곧 그 다섯 왕과 맞서니라

10 싯딤 골짜기에는 역청 구덩이가 많은지라
소돔 왕과 고모라 왕이 달아날 때에 그들이 거기 빠지고
그 나머지는 산으로 도망하매

¹¹네 왕이 소돔과 고모라의 모든 재물과 양식을 빼앗아 가고

¹²소돔에 거주하는 아브람의 조카 롯도 사로잡고
그 재물까지 노략하여 갔더라

¹³도망한 자가 와서 히브리 사람 아브람에게 알리니
그 때에 아브람이 아모리 족속 마므레의
상수리 수풀 근처에 거주하였더라

마므레는 에스골의 형제요 또 아넬의 형제라
이들은 아브람과 동맹한 사람들이더라

¹⁴아브람이 그의 조카가 사로잡혔음을 듣고
집에서 길리고 훈련된 자 삼백십팔 명을 거느리고
단까지 쫓아가서

¹⁵그와 그의 가신(家臣)들이 나뉘어 밤에 그들을 쳐부수고

다메섹 왼편 호바까지 쫓아가

16 모든 빼앗겼던 재물과 자기의 조카 롯과 그의 재물과
또 부녀와 친척을 다 찾아왔더라

멜기세덱이 아브람에게 축복하다

17 아브람이 그돌라오멜과 그와 함께 한 왕(王)들을
쳐부수고 돌아올 때에 소돔 왕이 사웨 골짜기
곧 왕의 골짜기로 나와 그를 영접하였고

18 살렘 왕 멜기세덱이 떡과 포도주를 가지고 나왔으니
그는 지극히 높으신 하나님의 제사장이었더라

19 그가 아브람에게 축복하여 이르되
천지(天地)의 주재(主宰)이시오 지극히 높으신 하나님이여
아브람에게 복을 주옵소서

[20]너희 대적을 네 손에 붙이신
지극히 높으신 하나님을 찬송할지로다 하매

아브람이 그 얻은 것에서
십분의 일을 멜기세덱에게 주었더라

[21]소돔 왕이 아브람에게 이르되
사람은 내게 보내고 물품은 네가 가지라

[22]아브람이 소돔 왕에게 이르되
천지의 주재이시요 지극히 높으신 하나님 여호와께
내가 손을 들어 맹세하노니

[23]네 말이 내가 아브람으로 치부하게 하였다 할까 하여
네게 속한 것은 실 한 오라기나 들메끈 한 가닥도
내가 가지지 아니하리라

24 오직 젊은이들이 먹은 것과
나와 동행한 아넬과 에스골과 마므레의 분깃을 제할지니
그들이 그 분깃을 가질 것이니라

여호와께서 아브람과 언약을 세우시다

15 1 이 후에 여호와의 말씀이 환상 중에
아브람에게 임하여 이르시되

아브람아 두려워하지 말라
나는 네 방패요 너의 지극히 큰 상급이니라

2 아브람이 이르되 주 여호와여 무엇을 내게 주시려 하나이까
나는 자식(子息)이 없사오니
나의 상속자는 이 다메섹 사람 엘리에셀이니이다

3 아브람이 또 이르되 주께서 내게 씨를 주지 아니하셨으니

내 집에서 길린 자가 내 상속자(相續者)가 될 것이니이다

⁴ 여호와의 말씀이 그에게 임하여 이르시되
그 사람이 네 상속자가 아니라
네 몸에서 날 자가 네 상속자가 되리라 하시고

⁵ 그를 이끌고 밖으로 나가 이르시되
하늘을 우러러 뭇별을 셀 수 있나 보라
또 그에게 이르시되 네 자손이 이와 같으리라

⁶ 아브람이 여호와를 믿으니
여호와께서 이를 그의 의(義)로 여기시고

⁷ 또 그에게 이르시되
나는 이 땅을 네게 주어 소유를 삼게 하려고
너를 갈대아인의 우르에서 이끌어 낸 여호와니라

⁸ 그가 이르되 주 여호와여
내가 이 땅을 소유(所有)로 받을 것을 무엇으로 알리이까

⁹ 여호와께서 그에게 이르시되
나를 위하여 삼 년 된 암소와 삼 년 된 암염소와
삼 년 된 숫양과 산비둘기와 집비둘기 새끼를 가져올지니라

¹⁰ 아브람이 그 모든 것을 가져다가 그 중간을 쪼개고
그 쪼갠 것을 마주 대하여 놓고
그 새는 쪼개지 아니하였으며

¹¹ 솔개가 그 사체 위에 내릴 때에는 아브람이 쫓았더라

¹² 해 질 때에 아브람에게 깊은 잠이 임하고
큰 흑암과 두려움이 그에게 임하였더니

¹³ 여호와께서 아브람에게 이르시되 너는 반드시 알라

네 자손이 이방에서 객이 되어 그들을 섬기겠고
그들은 사백 년 동안 네 자손을 괴롭히리니

14 그들이 섬기는 나라를 내가 징벌할지며
그 후에 네 자손이 큰 재물을 이끌고 나오리라

15 너는 장수하다가 평안히 조상에게로 돌아가 장사될 것이요

16 네 자손은 사대 만에 이 땅으로 돌아오리니
이는 아모리 족속의 죄악이 아직 가득 차지 아니함이니라
하시더니

17 해가 져서 어두울 때에 연기 나는 화로가 보이며
타는 횃불이 쪼갠 고기 사이로 지나더라

18 그 날에 여호와께서 아브람과 더불어 언약을 세워 이르시되
내가 이 땅을 애굽 강에서부터 그 큰 강 유브라데까지

네 자손에게 주노니

¹⁹곧 겐 족속과 그니스 족속과 갓몬 족속과

²⁰헷 족속과 브리스 족속과 르바 족속과

²¹아모리 족속과 가나안 족속과 기르가스 족속과
여부스 족속의 땅이니라 하셨더라

하갈과 이스마엘

16 ¹아브람의 아내 사래는 출산(出産)하지 못하였고
그에게 한 여종이 있으니 애굽 사람이요
이름은 하갈이라

²사래가 아브람에게 이르되
여호와께서 내 출산을 허락하지 아니하셨으니
원하건대 내 여종에게 들어가라

내가 혹 그로 말미암아 자녀를 얻을까 하노라 하매
아브람이 사래의 말을 들으니라

3 아브람의 아내 사래가 그 여종 애굽 사람 하갈을 데려다가
그 남편 아브람에게 첩(妾)으로 준 때는
아브람이 가나안 땅에 거주한 지 십 년 후였더라

4 아브람이 하갈과 동침하였더니 하갈이 임신(姙娠)하매
그가 자기의 임신함을 알고 그의 여주인을 멸시한지라

5 사래가 아브람에게 이르되
내가 받는 모욕은 당신이 받아야 옳도다

내가 나의 여종을 당신의 품에 두었거늘
그가 자기의 임신함을 알고 나를 멸시하니
당신과 나 사이에 여호와께서 판단하시기를 원하노라

⁶ 아브람이 사래에게 이르되
당신의 여종은 당신의 수중(手中)에 있으니
당신의 눈에 좋을 대로 그에게 행하라 하매

사래가 하갈을 학대하였더니
하갈이 사래 앞에서 도망하였더라

⁷ 여호와의 사자가 광야의 샘물 곁
곧 술 길 샘 곁에서 그를 만나

⁸ 이르되 사래의 여종 하갈아 네가 어디서 왔으며 어디로 가느냐
그가 이르되 나는 내 여주인 사래를 피하여 도망하나이다

⁹ 여호와의 사자가 그에게 이르되
네 여주인에게로 돌아가서 그 수하에 복종하라

¹⁰여호와의 사자가 또 그에게 이르되

내가 네 씨를 크게 번성하여
그 수가 많아 셀 수 없게 하리라

11여호와의 사자가 또 그에게 이르되
네가 임신하였은즉 아들을 낳으리니

그 이름을 이스마엘이라 하라
이는 여호와께서 네 고통을 들으셨음이니라

12그가 사람 중에 들나귀 같이 되리니
그의 손이 모든 사람을 치겠고

모든 사람의 손이 그를 칠지며
그가 모든 형제와 대항해서 살리라 하니라

13하갈이 자기에게 이르신 여호와의 이름을
나를 살피시는 하나님이라 하였으니

이는 내가 어떻게 여기서
나를 살피시는 하나님을 뵈었는고 함이라

14이러므로 그 샘을 브엘라해로이라 불렀으며
그것은 가데스와 베렛 사이에 있더라

15하갈이 아브람의 아들을 낳으매
아브람이 하갈이 낳은 그 아들을 이름하여
이스마엘이라 하였더라

16하갈이 아브람에게 이스마엘을 낳았을 때에
아브람이 팔십육 세였더라

할례:언약의 표징

17 1아브람이 구십구 세 때에 여호와께서
아브람에게 나타나서 그에게 이르시되

나는 전능한 하나님이라
너는 내 앞에서 행하여 완전하라

2 내가 내 언약을 나와 너 사이에 두어
너를 크게 번성하게 하리라 하시니

3 아브람이 엎드렸더니 하나님이 또 그에게 말씀하여 이르시되

4 보라 내 언약이 너와 함께 있으니
너는 여러 민족의 아버지가 될지라

5 이제 후로는 네 이름을 아브람이라 하지 아니하고
아브라함이라 하리니
이는 내가 너를 여러 민족의 아버지가 되게 함이니라

6 내가 너로 심히 번성하게 하리니
내가 네게서 민족들이 나게 하며

왕들이 네게로부터 나오리라

7 내가 내 언약을 나와 너 및 네 대대 후손 사이에 세워서
영원한 언약을 삼고 너와 네 후손의 하나님이 되리라

8 내가 너와 네 후손에게 네가 거류하는 이 땅
곧 가나안 온 땅을 주어 영원한 기업이 되게 하고
나는 그들의 하나님이 되리라

9 하나님이 또 아브라함에게 이르시되
그런즉 너는 내 언약을 지키고 네 후손도 대대로 지키라

10 너희 중 남자는 다 할례를 받으라
이것이 나와 너희와 너희 후손 사이에 지킬 내 언약이니라

11 너희는 포피를 베어라
이것이 나와 너희 사이의 언약의 표징이니라

¹²너희의 대대로 모든 남자는
집에서 난 자나 또는 너희 자손이 아니라

이방 사람에게서 돈으로 산 자를 막론하고
난 지 팔 일 만에 할례를 받을 것이라

¹³너희 집에서 난 자든지 너희 돈으로 산 자든지
할례를 받아야 하리니 이에 내 언약이 너희 살에 있어
영원한 언약이 되려니와

¹⁴할례를 받지 아니한 남자
곧 그 포피를 베지 아니한 자는 백성 중에서 끊어지리니
그가 내 언약을 배반하였음이니라

¹⁵하나님이 또 아브라함에게 이르시되
네 아내 사래는 이름을 사래라 하지 말고 사라라 하라

¹⁶내가 그에게 복(福)을 주어
그가 네게 아들을 낳아 주게 하며

내가 그에게 복을 주어
그를 여러 민족(民族)의 어머니가 되게 하리니
민족의 여러 왕이 그에게서 나리라

¹⁷아브라함이 엎드려 웃으며 마음속으로 이르되
백 세 된 사람이 어찌 자식을 낳을까
사라는 구십 세니 어찌 출산하리요 하고

¹⁸아브라함이 이에 하나님께 아뢰되
이스마엘이나 하나님 앞에 살기를 원하나이다

¹⁹하나님이 이르시되 아니라
네 아내 사라가 네게 아들을 낳으리니

너는 그 이름을 이삭이라 하라
내가 그와 내 언약을 세우리니
그의 후손에게 영원한 언약이 되리라

20 이스마엘에 대하여는 내가 네 말을 들었나니
내가 그에게 복을 주어 그를 매우 크게 생육하고
번성(蕃盛)하게 할지라

그가 열두 두령(頭領)을 낳으리니
내가 그를 큰 나라가 되게 하려니와

21 내 언약은 내가 내년 이 시기에
사라가 네게 낳을 이삭과 세우리라

22 하나님이 아브라함과 말씀을 마치시고
그를 떠나 올라가셨더라

²³이에 아브라함이 하나님이 자기에게 말씀하신 대로
이 날에 그 아들 이스마엘과 집에서 태어난 모든 자와

돈으로 산 모든 자 곧 아브라함의 집 사람 중
모든 남자를 데려다가 그 포피(包皮)를 베었으니

²⁴아브라함이 그의 포피를 벤 때는 구십구 세였고

²⁵그의 아들 이스마엘이 그의 포피를 벤 때는 십삼 세였더라

²⁶그 날에 아브라함과 그 아들 이스마엘이 할례를 받았고

²⁷그 집의 모든 남자 곧 집에서 태어난 자와
돈으로 이방 사람에게서 사온 자가
다 그와 함께 할례를 받았더라

아브라함이 아들을 약속받다

18
¹ 여호와께서 마므레의 상수리나무들이 있는 곳에서

아브라함에게 나타나시니라
날이 뜨거울 때에 그가 장막 문에 앉아 있다가

2 눈을 들어 본즉 사람 셋이 맞은편에 서 있는지라
그가 그들을 보자 곧 장막 문에서 달려나가
영접(迎接)하며 몸을 땅에 굽혀

3 이르되 내 주여 내가 주께 은혜를 입었사오면
원하건대 종을 떠나 지나가지 마시옵고

4 물을 조금 가져오게 하사 당신들의 발을 씻으시고
나무 아래에서 쉬소서

5 내가 떡을 조금 가져오리니
당신들의 마음을 상쾌하게 하신 후에 지나가소서
당신들이 종에게 오셨음이니이다

그들이 이르되 네 말대로 그리하라

6 아브라함이 급히 장막으로 가서 사라에게 이르되
속히 고운 가루 세 스아를 가져다가 반죽하여
떡을 만들라 하고

7 아브라함이 또 가축 떼 있는 곳으로 달려가서
기름지고 좋은 송아지를 잡아 하인에게 주니
그가 급히 요리한지라

8 아브라함이 엉긴 젖과 우유와
하인이 요리한 송아지를 가져다가 그들 앞에 차려 놓고
나무 아래에 모셔 서매 그들이 먹으니라

9 그들이 아브라함에게 이르되 네 아내 사라가 어디 있느냐
대답하되 장막에 있나이다

¹⁰그가 이르시되 내년 이맘때 내가 반드시 네게로 돌아오리니
네 아내 사라에게 아들이 있으리라 하시니
사라가 그 뒤 장막 문에서 들었더라

¹¹아브라함과 사라는 나이가 많아 늙었고
사라에게는 여성의 생리가 끊어졌는지라

¹²사라가 속으로 웃고 이르되
내가 노쇠하였고 내 주인도 늙었으니
내게 무슨 즐거움이 있으리요

¹³여호와께서 아브라함에게 이르시되
사라가 왜 웃으며 이르기를 내가 늙었거늘
어떻게 아들을 낳으리요 하느냐

¹⁴여호와께 능하지 못한 일이 있겠느냐

기한이 이를 때에 내가 네게로 돌아오리니
사라에게 아들이 있으리라

---

[15] 사라가 두려워서 부인하여 이르되 내가 웃지 아니하였나이다
이르시되 아니라 네가 웃었느니라

아브라함이 소돔을 위하여 빌다

[16] 그 사람들이 거기서 일어나서 소돔으로 향하고
아브라함은 그들을 전송하러 함께 나가니라

---

[17] 여호와께서 이르시되
내가 하려는 것을 아브라함에게 숨기겠느냐

---

[18] 아브라함은 강대한 나라가 되고
천하 만민은 그로 말미암아 복을 받게 될 것이 아니냐

---

[19] 내가 그로 그 자식과 권속에게 명하여 여호와의 도를 지켜

의와 공도를 행하게 하려고 그를 택하였나니
이는 나 여호와가 아브라함에게 대하여 말한 일을
이루려 함이니라

20여호와께서 또 이르시되
소돔과 고모라에 대한 부르짖음이 크고
그 죄악이 심히 무거우니

21내가 이제 내려가서 그 모든 행한 것이
과연 내게 들린 부르짖음과 같은지 그렇지 않은지
내가 보고 알려 하노라

22그 사람들이 거기서 떠나 소돔으로 향하여 가고
아브라함은 여호와 앞에 그대로 섰더니

23아브라함이 가까이 나아가 이르되

주께서 의인(義人)을 악인과 함께 멸하려 하시나이까

²⁴그 성 중에 의인 오십 명이 있을지라도
주께서 그 곳을 멸하시고
그 오십 의인을 위하여 용서하지 아니하시리이까

²⁵주께서 이같이 하사
의인을 악인과 함께 죽이심은 부당하오며

의인과 악인을 같이 하심도 부당하니이다
세상을 심판하시는 이가 정의를 행하실 것이 아니니이까

²⁶여호와께서 이르시되
내가 만일 소돔 성읍 가운데에서 의인 오십 명을 찾으면
그들을 위하여 온 지역을 용서하리라

²⁷아브라함이 대답하여 이르되

나는 티끌이나 재와 같사오나 감히 주(主)께 아뢰나이다

28 오십 의인 중에 오 명이 부족하다면
그 오 명이 부족함으로 말미암아 온 성읍을 멸하시리이까

이르시되 내가 거기서 사십오 명을 찾으면
멸하지 아니하리라

29 아브라함이 또 아뢰어 이르되
거기서 사십 명을 찾으시면 어찌 하려 하시나이까
이르시되 사십 명으로 말미암아 멸하지 아니하리라

30 아브라함이 이르되
내 주여 노하지 마시옵고 말씀하게 하옵소서

거기서 삼십 명을 찾으시면 어찌 하려 하시나이까
이르시되 내가 거기서 삼십 명을 찾으면 그리하지 아니하리라

³¹아브라함이 또 이르되 내가 감히 내 주께 아뢰나이다
거기서 이십 명을 찾으시면 어찌 하려 하시나이까
이르시되 내가 이십 명으로 말미암아 그리하지 아니하리라

³²아브라함이 또 이르되 주는 노하지 마옵소서
내가 이번만 더 아뢰리이다

거기서 십 명을 찾으시면 어찌 하려 하시나이까
이르시되 내가 십 명으로 말미암아 멸하지 아니하리라

³³여호와께서 아브라함과 말씀을 마치시고 가시니
아브라함도 자기 곳으로 돌아갔더라

소돔의 죄악

19 ¹저녁 때에 그 두 천사가 소돔에 이르니
마침 롯이 소돔 성문에 앉아 있다가 그들을 보고

일어나 영접하고 땅에 엎드려 절하며

2 이르되 내 주여 돌이켜 종의 집으로 들어와 발을 씻고
주무시고 일찍이 일어나 갈 길을 가소서
그들이 이르되 아니라 우리가 거리에서 밤을 새우리라

3 롯이 간청하매 그제서야 돌이켜 그 집으로 들어오는지라
롯이 그들을 위하여 식탁을 베풀고 무교병을 구우니
그들이 먹으니라

4 그들이 눕기 전에 그 성 사람
곧 소돔 백성들이 노소를 막론하고
원근에서 다 모여 그 집을 에워싸고

5 롯을 부르고 그에게 이르되
오늘 밤에 네게 온 사람들이 어디 있느냐

이끌어 내라 우리가 그들을 상관하리라

6 롯이 문 밖의 무리에게로 나가서 뒤로 문을 닫고

7 이르되 청하노니 내 형제들아 이런 악을 행하지 말라

8 내게 남자를 가까이 하지 아니한 두 딸이 있노라
청하건대 내가 그들을 너희에게로 이끌어 내리니
너희 눈에 좋을 대로 그들에게 행하고

이 사람들은 내 집에 들어왔은즉
이 사람들에게는 아무 일도 저지르지 말라

9 그들이 이르되 너는 물러나라
또 이르되 이 자가 들어와서 거류하면서

우리의 법관이 되려 하는도다
이제 우리가 그들보다 너를 더 해하리라 하고

롯을 밀치며 가까이 가서 그 문을 부수려고 하는지라

¹⁰그 사람들이 손을 내밀어
롯을 집으로 끌어들이고 문을 닫고

¹¹문 밖의 무리를 대소(大小)를 막론(莫論)하고
그 눈을 어둡게 하니 그들이 문을 찾느라고 헤매었더라

롯이 소돔을 떠나다
¹²그 사람들이 롯에게 이르되
이 외에 네게 속한 자가 또 있느냐

네 사위나 자녀나 성 중에 네게 속한 자들을
다 성 밖으로 이끌어 내라

¹³그들에 대한 부르짖음이 여호와 앞에 크므로
여호와께서 이 곳을 멸하시려고 우리를 보내셨나니

우리가 멸하리라

¹⁴롯이 나가서 그 딸들과 결혼할 사위들에게 말하여 이르기를
여호와께서 이 성을 멸하실 터이니

너희는 일어나 이 곳에서 떠나라 하되
그의 사위들은 농담으로 여겼더라

¹⁵동틀 때에 천사가 롯을 재촉하여 이르되
일어나 여기 있는 네 아내와 두 딸을 이끌어 내라
이 성의 죄악 중에 함께 멸망할까 하노라

¹⁶그러나 롯이 지체하매
그 사람들이 롯의 손과 그 아내의 손과

두 딸의 손을 잡아 인도하여 성 밖에 두니
여호와께서 그에게 자비를 더하심이었더라

¹⁷그 사람들이 그들을 밖으로 이끌어 낸 후에 이르되
도망하여 생명을 보존하라

돌아보거나 들에 머물지 말고 산으로 도망하여
멸망함을 면하라

¹⁸롯이 그들에게 이르되 내 주여 그리 마옵소서

¹⁹주의 종이 주께 은혜를 입었고
주께서 큰 인자를 내게 베푸사 내 생명을 구원하시오나

내가 도망하여 산에까지 갈 수 없나이다
두렵건대 재앙을 만나 죽을까 하나이다

²⁰보소서 저 성읍은 도망하기에 가깝고 작기도 하오니
나를 그 곳으로 도망하게 하소서
이는 작은 성읍이 아니니이까 내 생명이 보존되리이다

21 그가 그에게 이르되
내가 이 일에도 네 소원을 들었은즉
네가 말하는 그 성읍을 멸하지 아니하리니

22 그리로 속히 도망하라
네가 거기 이르기까지는 내가 아무 일도 행할 수 없노라
하였더라 그러므로 그 성읍 이름을 소알이라 불렀더라

소돔과 고모라를 멸하시다

23 롯이 소알에 들어갈 때에 해가 돋았더라

24 여호와께서 하늘 곧 여호와께로부터
유황과 불을 소돔과 고모라에 비같이 내리사

25 그 성들과 온 들과 성에 거주하는 모든 백성과
땅에 난 것을 다 엎어 멸하셨더라

²⁶롯의 아내는 뒤를 돌아보았으므로 소금 기둥이 되었더라

²⁷아브라함이 그 아침에 일찍이 일어나
여호와 앞에 서 있던 곳에 이르러

²⁸소돔과 고모라와 그 온 지역을 향하여 눈을 들어
연기가 옹기 가마의 연기같이 치솟음을 보았더라

²⁹하나님이 그 지역의 성을 멸하실 때
곧 롯이 거주하는 성을 엎으실 때에

하나님이 아브라함을 생각하사
롯을 그 엎으시는 중에서 내보내셨더라

모압과 암몬 자손의 조상

³⁰롯이 소알에 거주하기를 두려워하여
두 딸과 함께 소알에서 나와 산에 올라가 거주하되

그 두 딸과 함께 굴에 거주하였더니

31 큰 딸이 작은 딸에게 이르되
우리 아버지는 늙으셨고 온 세상의 도리를 따라
우리의 배필 될 사람이 이 땅에는 없으니

32 우리가 우리 아버지에게 술을 마시게 하고 동침하여
우리 아버지로 말미암아 후손을 이어가자 하고

33 그 밤에 그들이 아버지에게 술을 마시게 하고
큰 딸이 들어가서 그 아버지와 동침하니라

그러나 그 아버지는 그 딸이 눕고 일어나는 것을
깨닫지 못하였더라

34 이튿날 큰 딸이 작은 딸에게 이르되
어제 밤에는 내가 우리 아버지와 동침하였으니

오늘 밤에도 우리가 아버지에게 술을 마시게 하고
네가 들어가 동침하고
우리가 아버지로 말미암아 후손을 이어가자 하고

³⁵ 그 밤에도 그들이 아버지에게 술을 마시게 하고
작은 딸이 일어나 아버지와 동침하니라

그러나 아버지는 그 딸이 눕고 일어나는 것을
깨닫지 못하였더라

³⁶ 롯의 두 딸이 아버지로 말미암아 임신하고

³⁷ 큰 딸은 아들을 낳아 이름을 모압이라 하였으니
오늘날 모압의 조상이요

³⁸ 작은 딸도 아들을 낳아 이름을 벤암미라 하였으니
오늘날 암몬 자손의 조상이었더라

아브라함과 아비멜렉

20 ¹아브라함이 거기서 네게브 땅으로 옮겨가 가데스와 술 사이 그랄에 거류하며

²그의 아내 사라를 자기 누이라 하였으므로 그랄 왕 아비멜렉이 사람을 보내어 사라를 데려갔더니

³그 밤에 하나님이 아비멜렉에게 현몽하시고 그에게 이르시되 네가 데려간 이 여인으로 말미암아 네가 죽으리니 그는 남편이 있는 여자임이라

⁴아비멜렉이 그 여인을 가까이 하지 아니하였으므로 그가 대답하되 주여 주께서 의로운 백성도 멸하시나이까

⁵그가 나에게 이는 내 누이라고 하지 아니하였나이까 그 여인도 그는 내 오라비라 하였사오니

나는 온전한 마음과 깨끗한 손으로 이렇게 하였나이다

6 하나님이 꿈에 또 그에게 이르시되
네가 온전한 마음으로 이렇게 한 줄을 나도 알았으므로

너를 막아 내게 범죄하지 아니하게 하였나니
여인에게 가까이 하지 못하게 함이 이 때문이니라

7 이제 그 사람의 아내를 돌려보내라 그는 선지자라
그가 너를 위하여 기도하리니 네가 살려니와

네가 돌려보내지 아니하면 너와 네게 속한 자가
다 반드시 죽을 줄 알지니라

8 아비멜렉이 그 날 아침에 일찍이 일어나
모든 종들을 불러 그 모든 일을 말하여 들려 주니
그들이 심히 두려워하였더라

9 아비멜렉이 아브라함을 불러서 그에게 이르되
네가 어찌하여 우리에게 이렇게 하느냐

내가 무슨 죄를 네게 범하였기에
네가 나와 내 나라가 큰 죄에 빠질 뻔하게 하였느냐
네가 합당하지 아니한 일을 내게 행하였도다 하고

10 아비멜렉이 또 아브라함에게 이르되
네가 무슨 뜻으로 이렇게 하였느냐

11 아브라함이 이르되
이 곳에서는 하나님을 두려워함이 없으니
내 아내로 말미암아 사람들이 나를 죽일까 생각하였음이요

12 또 그는 정말로 나의 이복 누이로서
내 아내가 되었음이니라

¹³하나님이 나를 내 아버지의 집을 떠나
두루 다니게 하실 때에

내가 아내에게 말하기를 이 후로 우리의 가는 곳마다
그대는 나를 그대의 오라비라 하라
이것이 그대가 내게 베풀 은혜(恩惠)라 하였었노라

¹⁴아비멜렉이 양과 소와 종들을 이끌어 아브라함에게 주고
그의 아내 사라도 그에게 돌려보내고

¹⁵아브라함에게 이르되 내 땅이 네 앞에 있으니
네가 보기에 좋은 대로 거주하라 하고

¹⁶사라에게 이르되 내가 은 천 개를 네 오라비에게 주어서
그것으로 너와 함께 한 여러 사람 앞에서
네 수치를 가리게 하였노니 네 일이 다 해결되었느니라

¹⁷아브라함이 하나님께 기도하매
하나님이 아비멜렉과 그의 아내와 여종을 치료하사
출산하게 하셨으니

¹⁸여호와께서 이왕에 아브라함의 아내 사라의 일로
아비멜렉의 집의 모든 태를 닫으셨음이더라

사라가 이삭을 낳다

21

¹여호와께서 말씀하신 대로 사라를 돌보셨고
여호와께서 말씀하신 대로 사라에게 행하셨으므로

²사라가 임신하고 하나님이 말씀하신 시기가 되어
노년의 아브라함에게 아들을 낳으니

³아브라함이 그에게 태어난 아들
곧 사라가 자기에게 낳은 아들을 이름하여 이삭이라 하였고

4 그 아들 이삭이 난 지 팔 일 만에
그가 하나님이 명령하신 대로 할례를 행하였더라

5 아브라함이 그의 아들 이삭이 그에게 태어날 때에 백 세라

6 사라가 이르되 하나님이 나를 웃게 하시니
듣는 자가 다 나와 함께 웃으리로다

7 또 이르되 사라가 자식들을 젖먹이겠다고
누가 아브라함에게 말하였으리요마는
아브라함의 노경에 내가 아들을 낳았도다 하니라

하갈과 이스마엘을 내쫓다

8 아이가 자라매 젖을 떼고 이삭이 젖을 떼는 날에
아브라함이 큰 잔치를 베풀었더라

9 사라가 본즉 아브라함의 아들 애굽 여인 하갈의 아들이

이삭을 놀리는지라

¹⁰그가 아브라함에게 이르되
이 여종과 그 아들을 내쫓으라

이 종의 아들은 내 아들 이삭과 함께
기업을 얻지 못하리라 하므로

¹¹아브라함이 그의 아들로 말미암아
그 일이 매우 근심이 되었더니

¹²하나님이 아브라함에게 이르시되
네 아이나 네 여종으로 말미암아 근심하지 말고

사라가 네게 이른 말을 다 들으라
이삭에게서 나는 자라야 네 씨라 부를 것임이니라

¹³그러나 여종의 아들도 네 씨니

내가 그로 한 민족을 이루게 하리라 하신지라

¹⁴아브라함이 아침에 일찍이 일어나
떡과 물 한 가죽부대를 가져다가

하갈의 어깨에 메워 주고 그 아이를 데리고 가게 하니
하갈이 나가서 브엘세바 광야에서 방황하더니

¹⁵가죽부대의 물이 떨어진지라
그 자식을 관목덤불 아래에 두고

¹⁶이르되 아이가 죽는 것을 차마 보지 못하겠다 하고
화살 한 바탕 거리 떨어져 마주 앉아 바라보며
소리 내어 우니

¹⁷하나님이 그 어린 아이의 소리를 들으셨으므로
하나님의 사자(使者)가 하늘에서부터 하갈을 불러 이르시되

하갈아 무슨 일이냐 두려워하지 말라
하나님이 저기 있는 아이의 소리를 들으셨나니

[18]일어나 아이를 일으켜 네 손으로 붙들라
그가 큰 민족을 이루게 하리라 하시니라

[19]하나님이 하갈의 눈을 밝히셨으므로
샘물을 보고 가서 가죽부대에 물을 채워다가
그 아이에게 마시게 하였더라

[20]하나님이 그 아이와 함께 계시매
그가 장성하여 광야에서 거주하며 활 쏘는 자가 되었더니

[21]그가 바란 광야에 거주할 때에 그의 어머니가 그를 위하여
애굽 땅에서 아내를 얻어 주었더라

아브라함과 아비멜렉의 언약

²²그 때에 아비멜렉과 그 군대 장관 비골이
아브라함에게 말하여 이르되
네가 무슨 일을 하든지 하나님이 너와 함께 계시도다

²³그런즉 너는 나와 내 아들과 내 손자에게
거짓되이 행하지 아니하기를
이제 여기서 하나님을 가리켜 내게 맹세하라

내가 네게 후대(厚待)한 대로
너도 나와 네가 머무는 이 땅에 행할 것이니라

²⁴아브라함이 이르되 내가 맹세하리라 하고

²⁵아비멜렉의 종들이 아브라함의 우물을 빼앗은 일에 관하여
아브라함이 아비멜렉을 책망하매

²⁶아비멜렉이 이르되 누가 그리하였는지 내가 알지 못하노라

너도 내게 알리지 아니하였고 나도 듣지 못하였더니
오늘에야 들었노라

27 아브라함이 양과 소를 가져다가 아비멜렉에게 주고
두 사람이 서로 언약을 세우니라

28 아브라함이 일곱 암양 새끼를 따로 놓으니

29 아비멜렉이 아브라함에게 이르되
이 일곱 암양 새끼를 따로 놓음은 어찜이냐

30 아브라함이 이르되
너는 내 손에서 이 암양 새끼 일곱을 받아
내가 이 우물 판 증거를 삼으라 하고

31 두 사람이 거기서 서로 맹세하였으므로
그 곳을 브엘세바라 이름하였더라

³² 그들이 브엘세바에서 언약을 세우매
아비멜렉과 그 군대 장관 비골은 떠나
블레셋 사람의 땅으로 돌아갔고

³³ 아브라함은 브엘세바에 에셀 나무를 심고
거기서 영원하신 여호와의 이름을 불렀으며

³⁴ 그가 블레셋 사람의 땅에서 여러 날을 지냈더라

이삭을 번제로 드리라 하시다

22 ¹ 그 일 후에 하나님이 아브라함을 시험하시려고
그를 부르시되 아브라함아 하시니
그가 이르되 내가 여기 있나이다

² 여호와께서 이르시되 네 아들 네 사랑하는 독자
이삭을 데리고 모리아 땅으로 가서

내가 네게 일러 준 한 산 거기서 그를 번제로 드리라

3 아브라함이 아침에 일찍이 일어나 나귀에 안장을 지우고
두 종과 그의 아들 이삭을 데리고

번제에 쓸 나무를 쪼개어 가지고 떠나
하나님이 자기에게 일러 주신 곳으로 가더니

4 제삼일에 아브라함이 눈을 들어 그 곳을 멀리 바라본지라

5 이에 아브라함이 종들에게 이르되
너희는 나귀와 함께 여기서 기다리라

내가 아이와 함께 저기 가서 예배하고
우리가 너희에게로 돌아오리라 하고

6 아브라함이 이에 번제 나무를 가져다가
그의 아들 이삭에게 지우고

자기는 불과 칼을 손에 들고 두 사람이 동행하더니

7 이삭이 그 아버지 아브라함에게 말하여 이르되
  내 아버지여 하니 그가 이르되
  내 아들아 내가 여기 있노라

이삭이 이르되 불과 나무는 있거니와
번제할 어린 양은 어디 있나이까

8 아브라함이 이르되 내 아들아 번제할 어린 양은
  하나님이 자기를 위하여 친히 준비하시리라 하고
  두 사람이 함께 나아가서

9 하나님이 그에게 일러 주신 곳에 이른지라
  이에 아브라함이 그 곳에 제단을 쌓고 나무를 벌여 놓고
  그의 아들 이삭을 결박하여 제단 나무 위에 놓고

¹⁰손을 내밀어 칼을 잡고 그 아들을 잡으려 하니

¹¹여호와의 사자가 하늘에서부터 그를 불러 이르시되
아브라함아 아브라함아 하시는지라
아브라함이 이르되 내가 여기 있나이다 하매

¹²사자가 이르시되 그 아이에게 네 손을 대지 말라
그에게 아무 일도 하지 말라

네가 네 아들 네 독자까지도 내게 아끼지 아니하였으니
내가 이제야 네가 하나님을 경외하는 줄을 아노라

¹³아브라함이 눈을 들어 살펴본즉
한 숫양이 뒤에 있는데 뿔이 수풀에 걸려 있는지라

아브라함이 가서 그 숫양을 가져다가
아들을 대신하여 번제로 드렸더라

¹⁴아브라함이 그 땅 이름을 여호와 이레라 하였으므로
오늘날까지 사람들이 이르기를
여호와의 산에서 준비되리라 하더라

¹⁵여호와의 사자가 하늘에서부터 두 번째 아브라함을 불러

¹⁶이르시되 여호와께서 이르시기를
내가 나를 가리켜 맹세하노니

네가 이같이 행하여
네 아들 네 독자도 아끼지 아니하였은즉

¹⁷내가 네게 큰 복을 주고 네 씨가 크게 번성하여
하늘의 별과 같고 바닷가의 모래와 같게 하리니
네 씨가 그 대적의 성문을 차지하리라

¹⁸또 네 씨로 말미암아 천하 만민이 복을 받으리니

이는 네가 나의 말을 준행하였음이니라 하셨다 하니라

¹⁹이에 아브라함이 그의 종들에게로 돌아가서 함께 떠나 브엘세바에 이르러 거기 거주하였더라

나홀의 후예

²⁰이 일 후에 어떤 사람이 아브라함에게 알리어 이르기를 밀가가 당신의 형제 나홀에게 자녀를 낳았다 하였더라

²¹그의 맏아들은 우스요 우스의 형제는 부스와 아람의 아버지 그므엘과

²²게셋과 하소와 빌다스와 이들랍과 브두엘이라

²³이 여덟 사람은 아브라함의 형제 나홀의 아내 밀가의 소생이며 브두엘은 리브가를 낳았고

²⁴나홀의 첩 르우마라 하는 자도
데바와 가함과 다하스와 마아가를 낳았더라

아브라함이 막벨라 굴을 사다

23 ¹사라가 백이십칠 세를 살았으니
이것이 곧 사라가 누린 햇수라

²사라가 가나안 땅 헤브론 곧 기럇아르바에서 죽으매
아브라함이 들어가서 사라를 위하여 슬퍼하며 애통하다가

³그 시신 앞에서 일어나 나가서 헷 족속에게 말하여 이르되

⁴나는 당신들 중에 나그네요 거류(居留)하는 자이니
당신들 중에서 내게 매장(埋葬)할 소유지를 주어
내가 나의 죽은 자를 내 앞에서 내어다가 장사하게 하시오

⁵헷 족속이 아브라함에게 대답하여 이르되

6 내 주여 들으소서
당신은 우리 가운데 있는 하나님이 세우신 지도자이시니

우리 묘실 중에서 좋은 것을 택하여
당신의 죽은 자를 장사하소서

우리 중에서 자기 묘실에 당신의 죽은 자 장사함을
금할 자가 없으리이다

7 아브라함이 일어나 그 땅 주민 헷 족속을 향하여
몸을 굽히고

8 그들에게 말하여 이르되
나로 나의 죽은 자를 내 앞에서 내어다가

장사하게 하는 일이 당신들의 뜻일진대
내 말을 듣고 나를 위하여 소할의 아들 에브론에게 구하여

⁹그가 그의 밭머리에 있는 그의 막벨라 굴을 내게 주도록 하되
충분한 대가를 받고 그 굴을 내게 주어
당신들 중에서 매장할 소유지가 되게 하기를 원하노라 하매

¹⁰에브론이 헷 족속 중에 앉아 있더니
그가 헷 족속 곧 성문에 들어온 모든 자가 듣는 데서
아브라함에게 대답하여 이르되

¹¹내 주여 그리 마시고 내 말을 들으소서
내가 그 밭을 당신에게 드리고
그 속의 굴도 내가 당신에게 드리되

내가 내 동족 앞에서 당신에게 드리오니
당신의 죽은 자를 장사하소서

¹²아브라함이 이에 그 땅의 백성 앞에서 몸을 굽히고

¹³그 땅의 백성이 듣는 데서 에브론에게 말하여 이르되
당신이 합당히 여기면 청하건대 내 말을 들으시오

내가 그 밭 값을 당신에게 주리니 당신은 내게서 받으시오
내가 나의 죽은 자를 거기 장사하겠노라

¹⁴에브론이 아브라함에게 대답하여 이르되

¹⁵내 주여 내 말을 들으소서
땅 값은 은 사백 세겔이나 그것이 나와 당신 사이에
무슨 문제가 되리이까 당신의 죽은 자를 장사하소서

¹⁶아브라함이 에브론의 말을 따라
에브론이 헷 족속이 듣는 데서 말한 대로
상인이 통용하는 은 사백 세겔을 달아 에브론에게 주었더니

¹⁷마므레 앞 막벨라에 있는 에브론의 밭

곧 그 밭과 거기에 속한 굴과
그 밭과 그 주위에 둘린 모든 나무가

¹⁸성 문에 들어온 모든 헷 족속이 보는 데서
아브라함의 소유로 확정된지라

¹⁹그 후에 아브라함이 그 아내 사라를
가나안 땅 마므레 앞 막벨라 밭 굴에 장사하였더라
(마므레는 곧 헤브론이라)

²⁰이와 같이 그 밭과 거기에 속한 굴이
헷 족속으로부터 아브라함이 매장할 소유지로 확정되었더라

God bless you~

» Thinking space ...

개역개정 · 구약성경 쓰기

 **창세기**상

1판 1쇄 발행 2024년 1월 20일

펴낸곳 우슬북
엮은이 김영기, 양 선
디자인 최영주

출판등록 2019년 4월 1일(제568-2019-000006호)
주소 충남 당진시 송산면 유곡로 20
출판사 전화 010.5424.7706
이메일 hyssop2000@daum.net
총판 하늘유통(031.947.7777)

값 10,000원
ISBN 979-11-93751-00-8 04230
          979-11-973755-9-0 (세트)

*이 책에 사용된 글꼴은 세종대왕기념사업회에서 개발한 문체부 쓰기 정체입니다.